コミュニケーション力を育む
レクリエーション

保育・教育現場で使える
クラフト & ゲーム **70**選

西村　誠・津田由加子・足立哲司・中川善彦 編著

実生社

は じ め に

・・・

　人間関係が希薄化しているといわれる昨今、コミュニケーション能力の必要性が従来にも増して叫ばれています。特に、コロナ禍の近年は、人と人とがつながり合うことのすばらしさや大切さに改めて気づき、だれかとつながっている安心感が生きる力にもなることを知らされました。今、改めてコミュニケーション力に目を向け、どんな時代にもコミュニケーションの力があれば、誰かとつながり、たくましく生きていくことができるという希望につなげたいと考え、書籍にまとめることにしました。

　一人でも多くの人たちが楽しみや喜びを共有し合う過程にこそ、充実したコミュニケーションが生まれると考え、「アイスブレーキング（初対面の人と人が出会う際の堅い雰囲気を和ませ、その緊張を解きほぐすこと）→自然なふれあい→仲間意識の共有→コミュニケーションの深まり」の構図を本書では大切にしました。息抜きや笑い、楽しさを感得しやすいだけでなく、気持ちを解放し、気軽に入り込むことができるレクリエーションゲームをまとめています。

　実践する際には、支援者や指導者と参加者の関係性に加え、参加者同士の関係性、さらには個々の特性を考慮したり、「どの時期に何をするのか」という目的をはっきりさせたりすることで、よりあたたかなコミュニケーション力が育つと考えられます。また、受ける側・支援者（本書では参加者とする）や伝達する側・指導者（本書ではリーダーとする）は、「する楽しさ」もあれば「見る楽しさ」「支える楽しさ」も存在するということを認識し、もしワークに抵抗を見せる人がいたら、「させようとするのではなく、わかろうとする」というカウンセリングマインドで接することも大切です。そうすることで、支援者や指導者と参加者、あるいは参加者同士の他者理解、相互理解がより深まることでしょう。

ぜひ、コミュニケーションを大事にした楽しいひとときを創り出す素材として本書を活用されることを期待しています。

　加えて、実践することで学びを得ることも多いと考えられますので、各ゲームに設けた「アレンジ」欄を活用し、対象別にした言葉かけ、間の取り方、一工夫したことなどを記録しながら、より素敵な支援者・指導者になられるためのあなただけの指南書にされることを願っています。

2023 年 1 月

西村　誠

も く じ

第 **1** 章

楽しみの共有こそ、
最高のコミュニケーションワーク

1 現代社会におけるレクリエーションの重要性

平均寿命と健康寿命

　厚生労働省が公表する「令和 3 年簡易生命表の概況」によると、2021 年（令和 3 年）の日本人の平均寿命は、男性は 81.47 年、女性は 87.57 年であり、世界有数の長寿国となっています。

　そのようななか、世界保健機関が 2000 年（平成 12 年）に「健康上の問題で日常生活が制限されることなく生活できる時間」として、「健康寿命」を提唱して以来、いかに健康に生活できる期間を延ばすのかに注目が集まっています。2019 年（令和元年）の日本人の平均寿命と健康寿命の差は、男性は 8.73 年、女性は 12.06 年となっており、平均寿命が長いことも影響していますが、世界的にみてもあまりよくありません（厚生労働省 2021）。健康寿命と関連して、日本の国民医療費は増加傾向にあります。2019 年度（令和元年度）の国民医療費は 44 兆 3,895 億円となっており、2018 年度の 43 兆 3,949 億円と比べて 9,946 億円、2.3％の増加となっています（厚生労働省 2019）。上記、医療費の問題なども相まって、平均寿命と健康寿命の

差を今後どのように縮めていけるのかが問われています。

　以上のような状況下で、運動する機会や他者とのコミュニケーションの機会となり、健康・生きがいの創造につながるレクリエーションは非常に重要な活動であるといえるでしょう。

わが国のスポーツ実施状況

　次に、わが国のスポーツ実施状況から考えてみましょう。2011年（平成23年）に公布された「スポーツ基本法」の実現に向け、現在では「第3期スポーツ基本計画」が策定されました。第3期計画では、東京オリンピック、パラリンピックのスポーツ・レガシーの継承、発展に向けて様々な施策が示されるとともに、あらたな3つの視点として、①スポーツを「つくる／はぐくむ」、②スポーツで「あつまり、ともに、つながる」、③スポーツに「誰もがアクセスできる」、があげられました。

　国民のスポーツ実施率の向上、生涯にわたって運動・スポーツを継続したい子どもの増加、誰もがスポーツに参画でき、共に活動できる社会の実現に向けて全国各地で様々な取り組みがなされています。2022年（令和3年度）の、国民の運動・スポーツ実施率として、成人の週1日以上の運動・スポーツ実施率は56.4％（前年度から3.5ポイント減）、男女別では、男性が58.5％、女性が54.1％となっています。年代別で見ると、全ての年代層で前年度を下回っており、特に20〜50代の働く世代で低い傾向が気になります。

　また、将来の健康を考えると、20代の男女の実施者が少ないのも心配です。実施されている運動・スポーツの種目をあげると、ウォーキング、筋トレ、サイクリング、ジョギング、ランニング、ラジオ体操など、短時間でできる、比較的簡単でお金のかからない種目が行われていることがわかります。したがって、1年間なんらかの運動・スポーツに接することができなかった人も、工夫さえすれば行うことができるのです。

このような背景から、公益財団法人日本レクリエーション協会は、2017年（平成29年）にスポーツ未実施者を掘り起こし、日常的にスポーツ・レクリエーション活動を通じて、だれもがスポーツ・レクリエーションを継続的に楽しめる場をクリエイトする指導者資格として「スポーツ・レクリエーション指導者」資格を新たに登録し、運動・スポーツの普及に向けた取り組みを行っています。今日のスポーツ界にある「競争性」が強く求められる風潮や、スポーツ実施率の向上、生涯にわたって運動・スポーツを継続する意識の醸成といった目標達成、課題解決には、幼少期から「運動・スポーツを楽しむ」という原点回帰の動きが求められており、「楽しむこと」が根底にあるレクリエーション活動はまさしく目標達成や課題解決に大き

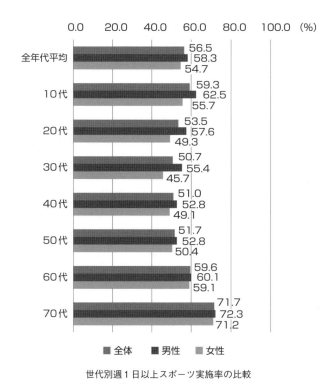

世代別週1日以上スポーツ実施率の比較

出所：スポーツ庁（2022）令和3年度「スポーツの実施状況等に関する世論調査」
https://www.mext.go.jp/sports/content/20220222-spt_kensport01-000020451_1.pdf

く影響する活動であるといえるでしょう。

レクリエーションとレクリエーション活動

　ここで、レクリエーションとレクリエーション活動について説明しておきます。「レクリエーション」は、「元気になる」ことを目的に行われます。一方、「元気になる」ために行われ、かつ「豊かな暮らしがもたらされる」活動が「レクリエーション活動」です。

　すなわち「レクリエーション活動をすること」が目的ではなく、活動中や、した後に言語または非言語によるコミュニケーションが自然と交わされ、その結果、人間関係を含めてプラスに行動変容することが目的なのです。なお、「運動・スポーツ」以外でも、楽しくなることであれば何でもレクリエーション活動といえるのです。

余暇活動を充実させるレクリエーション

　最後に、日本人の余暇時間（個人が自由に過ごせる時間）の過ごし方について考えたいと思います。日本の余暇時間の推移の傾向として、現役期（勤労時）の平日は余暇時間が減りいっそう忙しくなる傾向がある一方で、休日数や引退後（退職後）の余暇時間は著しく増加する傾向があります（黒田 2012）。つまり、ライフステージに応じた余暇時間の過ごし方が重要になっていると言えるでしょう。余暇の過ごし方は年代によって多種多様となっていて、例えば20代と60〜70代では、その過ごし方や行動範囲に大きな差があります。20代は、「自宅で休養する（ゆっくりする、寝る）」が61.5% と最も多く、「TV・DVD・CDなどを視聴・鑑賞する」、「読書、家庭菜園、模型づくりなど、自宅で趣味活動をする」といった、室内で余暇を過ごす傾向があるようです。一方、60〜70代は、「国内旅行（日帰り、宿泊）に出かける」「海外旅行に出かける」ことが多く、行動範囲が20代よりも

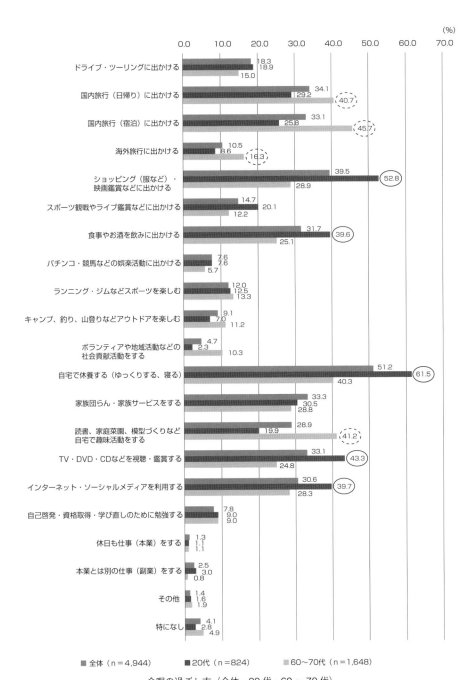

(%)

	全体（n＝4,944）	20代（n＝824）	60～70代（n＝1,648）
ドライブ・ツーリングに出かける	18.3	18.9	15.0
国内旅行（日帰り）に出かける	34.1	29.2	40.7
国内旅行（宿泊）に出かける	33.1	25.8	45.7
海外旅行に出かける	10.5	8.6	16.3
ショッピング（服など）・映画鑑賞などに出かける	39.5	52.8	28.9
スポーツ観戦やライブ鑑賞などに出かける	14.7	20.1	12.2
食事やお酒を飲みに出かける	31.7	39.6	25.1
パチンコ・競馬などの娯楽活動に出かける	7.6	7.6	5.7
ランニング・ジムなどスポーツを楽しむ	12.0	12.5	13.3
キャンプ、釣り、山登りなどアウトドアを楽しむ	9.1	7.0	11.2
ボランティアや地域活動などの社会貢献活動をする	4.7	2.3	10.3
自宅で休養する（ゆっくりする、寝る）	51.2	61.5	40.3
家族団らん・家族サービスをする	33.3	30.5	28.8
読書、家庭菜園、模型づくりなど自宅で趣味活動をする	28.9	19.9	41.2
TV・DVD・CDなどを視聴・鑑賞する	33.1	43.3	24.8
インターネット・ソーシャルメディアを利用する	30.6	39.7	28.3
自己啓発・資格取得・学び直しのために勉強する	7.8	9.0	9.0
休日も仕事（本業）をする	1.3	1.1	1.1
本業とは別の仕事（副業）をする	2.5	3.0	0.8
その他	1.4	1.6	1.9
特になし	4.1	2.8	4.9

■全体（n＝4,944）　■20代（n＝824）　60～70代（n＝1,648）

余暇の過ごし方（全体・20代・60～70代）

出所：国土交通省（2018年）「国民意識調査」

広い傾向があるようです（国土交通省 2018）。各ライフステージで余暇時間を充実したものにするためには、余暇経験を積み重ねていく必要があるでしょう。若い頃から自発的にレクリエーションを行い楽しむことや、生活を充実させることが大切であり、その経験が退職後、拡大する余暇時間を充実させるための大きな財産となるのです。各ライフステージにおけるレクリエーション経験が、次なるライフステージの生活の質に大きな影響を及ぼすことはいうまでもありません。近年は IoT や AI の急速な発展、ビッグデータの活用などから「第 4 次産業革命」が叫ばれており、社会、教育、家庭等の様々な場面で仕事の効率化がなされ、余暇時間が増えていくことが期待されます。ますます余暇時間を充実させるレクリエーション活動の重要性が高まっていくでしょう。

　このような社会背景のなかで、健康な日常を送ることや自身の自由な時間を充実させることは、人々の生活の質（QOL）の充実や、働き方の充実にもつながります。そのため、現代社会においては、様々なレクリエーション・サービスを通じて、人々が生きがいのある豊かな生活が送れるように組織的に支援していくことが求められています。

2　レクリエーションのもつ側面

1　生活そのものを昇華させる

　私たちが生きていくための最低限の行動として、半ば拘束されていることは多く存在します。寝る、着る、食べる、買い物に行く、炊事をする、洗濯や干し物をする、話をするなどがこれにあたります。学齢期、就労期においても同様に、これらが多く占める傾向にあることも事実です。このような半ば拘束的にしなければならない行動をする時間帯を、快適で楽しい時間にすることも可能です。最近の日常的な行為として、料理に凝って

いるとか、部屋の模様替えや庭いじりを楽しんでいるという声を耳にします。加えて、日常生活における通勤・通学・買い物時のウォーキングや自転車なども、その移動手段自体を楽しみに昇華させることも可能です。まさにこれらが楽しみながら生活を快適にしていることになります。

これらの延長線上には、収穫の楽しさを含めての家庭菜園づくり、楽しみながらショッピングをすること、生活空間の改造や補修をする日常大工などがあり、生活そのものをレジャー化することによって、充実感を味わえることも多いのです。

このように、レクリエーションには日常生活の中の行動を昇華させることによって、楽しく快適な時間を実現する側面があります。

2 社会へ積極的に参加・参画する

どのライフステージにおいてもいえることではありますが、心の支えとなる要素の一つに、他人や社会から自分に寄せられる期待感があります。人や社会から自分の存在を求められることの喜びは、生き甲斐ともいえる最高のものでもあります。

特に幼少期の遊びのなかからは、助け合い、そして競い合い、喜びや悲しみ、悔しさや苦しみなど、様々な感情を抱き、互いに共感する思いを育むことにつながります。

様々な関係のなかで生活している私たちは、他人に尽くしたり、助け合ったりすることを求めています。

社会的動物と称される人間は、常に社会的状況から影響を受け、周囲の他者の意見や行動に流されていますが、煩わしいことさえ不随してこなければ、本来は人に尽くしたり、助け合ったりすることを求めています。また、快い談笑や楽しいお付き合いも皆に自分の存在を認めてもらっていることであり、大きな喜びでもあります。

このあらわれとして、各種の団体の世話をするなどのボランティア活動

があります。このような社会的活動を、人生の第1ステージまでに培ってきた能力を活かしながら、人と共に喜び合い、人の喜びを自分のものにできる素養を備えています。

　レクリエーションには、以上のような他人とのかかわりによって快適な一刻をつくり出す側面があります。

3　積極的に行動する

　多くの人々は、あらゆるライフステージにおいて健康の維持・増進、体力の向上を願っています。健康のためには、自由に外出し、スポーツやレジャー活動を楽しむための体力の余力が必要です。そのためには筋力や全身持久力といった体力要素のほかに、平衡性、敏捷性、巧緻性などの調整力も必要となります。

　調整力とは、「神経系の働きによって、運動中の姿勢を調整しバランスをとり、運動を巧みに行う能力」のことです。幼児期は、5歳頃までに神経機能が大人並みに発達します。この時期に様々な刺激を与えることによって、調整力は大きく伸長します。さらに日常生活の中で常にからだを動かし、動作を滑らかにすることで怪我のリスクを減らし、新しい動作を習得することも早くなるなど、将来の様々な場面で大いに役立ちます。

　一方、人は大人になるにつれて運動する機会や移動する手段として自分の脚で歩く機会が減り、身体活動量の減少や体力低下がみられ、肥満や生活習慣病のリスク増加などが生じます。また、年齢とととともに、美しくなりたい、若く見られたい、長生きしたいといった目的意識が強くなり、歩く、走る、泳ぐなどの身体活動を行うことで、その欲求を満たそうとします。例えば、ウォーキング・ジョギング、山歩き、テニス、ジムでのトレーニングなどを行うことがこれに相当します。

　このようにレクリエーションには、世代にかかわらず、日常的にアクティブに行動し快適な一刻をつくり出すという積極的に行動する側面が

あります。

- -

4　創造的な活動をする

　創造力とは「新しいものをつくりだす力」のことです。創造力は人が生きる上でとても大切な能力であり、幼児期の「遊び」から培われます。幼児期の遊びは、好奇心や探究心を育み、遊びを通して他人とのコミュニケーション能力が身に付きます。また、遊びを楽しみながら頭を使い、脳を活性化させて、身体を動かすことで、様々なことを学びます。新しい発想や物事を創造し、柔軟に対処できるような能力を身に付けることは、人生において様々な困難や問題にぶつかったときにとても大切です。一方、人は大人になると、創造力を個性という形で表現しようと試みます。そのために文芸、美術、音楽、舞台芸術など、ありとあらゆる表現方法が用いられます。すなわち、幼児期に遊びを通して柔軟な発想として身に付けた創造力は、大人になると創作活動として仕事や趣味という形で表現されるようになります。

　このようにレクリエーションには、創造力を形として表現し快適な一刻をつくり出す側面があります。

- -

5　教養をより高める

　学問や教養を高めることによって、心の豊かさの培われたものが教養であり、より高い教養を求めての学習活動は、生涯にわたって行われるものです。

　見る、聞く、嗅ぐ、味わう、知る、観賞する、学ぶなどによって、知識を高めるとともに、それを知恵として生かしたり、学問研究を進めようとする言動がこれにあたります。

　古代史・郷土史に関連しての踏査的な観光や実証、老人大学や大学開放

講座などによる知識の蓄積、美術館や博物館での鑑賞、外国語の教室の通学、同好者が集まって各種の研修など、この分野を志向する人達や受け皿を数えあげるときりがありません。

「見える」ことを「視る」ように、「聞こえる」ことを「聴き取る」ように、「知った」ことを「考える」ように、何事にも積極的・能動的な知的活動を行なう側面がレクリエーションにはあります。

6　そのひとときを最大限に謳歌する

家族や共通の趣味や嗜好をもった仲間たちと一緒にテーマパークやイベントに出向いたり、スポーツやライブを観戦したり、動画を視聴したりするといったひとときを楽しめます。

以上のように、レクリエーションを6つに区分しましたが、それぞれは独立して存在するものではありません。1つの行動を起こせば、そのことに付随していくつかの系統がかかわるものであり、特に健康・体力、社交、自発の3つの原点は必ず含まれているものです。そのようなものであってこそ、興味の持続性を生み真の快適な一刻の実現となるのです。

人生の各ライフステージにおけるレクリエーションは、その素材、行い方、楽しみの程度や質などは様々であり、また人それぞれに違うものです。

例えば、「旅行好き」は基本的には活動系レクリエーションに入ると思われますが、実際にはその旅行の主たる目的が「仲間と一緒が楽しい」、「ご当地のスポーツやトレッキングが楽しい」、「行き先での写真・絵画・俳句や短歌を楽しむ」、「風土に触れたり歴史遺産から学ぶ」、「温泉に浸かってお酒を飲む」など多様な要素があいまって、目標・目的となります。

3 楽しみの共有こそ、最高のコミュニケーションワーク

　前にも繰り返し述べてきたように、レクリエーションの共有こそ最高の
コミュニケーションワークになることは必定です。

　そこで、レクリエーションワークでリーダー（本書では支援者・指導者等と
称して、その立場を多くの人が共有し合えることを期待して呼称を変えています）に
なる人に必要な自覚について考えてみましょう。

　リーダー的立場に立つ人は、その集団の仲間と気持ちの上での距離感が
まず大切なことを知っておくべきです。この距離感は、「みんな一緒（リー
ダーも含めて）」ということに集約できるでしょう。よく同じ目線に立って
とか、向こう（集団）の気持ちになって、などと形容されることと同じと
言えましょう。そのためには、レクリエーション素材をいかにうまく使う
かが重要なポイントになるでしょう。

1　非言語でも言語以上のコミュニケーションづくり

　リーダーは言語が明瞭なことはもちろんですが、それ以上にその動作や
表情の豊かさが大切なのです。無表情で人をうまく動かすのは難しいと言
えます。一般的にはリーダーの表情や立ち居振る舞いが言語以上に大きな
伝達能力をもっているのです。

　また、本書にもたくさんの例示をしましたが、「ジャンケン・ゲーム」
だけで、参加者の笑顔が増え、それが声となり、心の通い合いにつながる
のです。

　このように、リーダーと集団、集団内の和みは、「100の説明より1つ
のふれ合い」が、コミュニケーションの原点と言えるでしょう。

2　各人の居場所づくりと確保、それを確認できることが
　　コミュニケーションの始まり

　人それぞれに個性があり、人それぞれに得意・不得意があるものです。それらが表に出てしまうと多くの場合、自分の居場所（安心感）を見失ってしまうことにつながります。

　一度、集団の中で居場所を失うと、見つけ出すには多くの努力を必要とします。

　そこでリーダーたる者は、アイスブレーキング（心が通じ合うこと）ができるまでは、参加者の個性や得意・不得意が表れないようなレクリエーション素材を厳選して活用したいものです。

　また、この居場所の確保ができることにより、集団内での存在感を自覚できるようになることも知っておきましょう。

3　共働・共感・共有、3つの"共"こそが
　　コミュニケーションの始まり

　同じことを共にする→共に何か（喜び・楽しさ）を感じとる→その結果として何かを共有する。これが相手との心の距離を縮める最短の方法です。

　この方法は、不変のものと言え、限られた時間、制限のある空間で演出しようとするのですから、簡単なことではありません。

　しかし、リーダーにはこれを具現化させることが求められます。これができてこそコミュニケーションワークのリーダーになれるのです。

　仲間の名前や顔を覚える、自然な形での身体の接触、そこに居ることの安心感（居場所がある）、相手の人や仲間と呼吸を合わせた行動や表情、そして芽生える仲間意識、共有し共感し合えることこそがコミュニケーションワークなのです。

　先にも述べていますが、本書を用いてよりグレードを上げたレベルでコ

ミュニケーションワークを進めることを期待します。

· ·

4 リーダーと参加者がお互いに関心を持ち、理解力に差をなくすことが、良いコミュニケーション

コミュニケーションを定義すると「自分の伝えたい意思や感情を、言語やそれ以外の身振り（非言語的手段）を使って相手に伝え、相手からの良い反応や、結果を期待する諸行為」となります。したがって、次の5条件がリーダーが参加者との間にコミュニケーションをとるポイントとなります。

1 コミュニケーションの目的が何であるかを正確に伝えてから話すこと。例えば、レクリエーション活動上の「指示・命令」か「不平不満処理のための話し合い」か、などを正確にしてからメッセージを送ること。
2 例えばレクリエーション活動上の「指示・命令」を出す場合、この活動にはこういう「目的」があるということ。次に、目的に対してこれだけの「貢献度」があり、成し遂げた活動に対しては賞を与えるという「評価」をする。つまり、「目的」「貢献度」「評価」を伝えておくこと。
3 自己メッセージに対する班員の反応（共感 or 否定など）を確認しながら、理解度を深めるために、話し方、身ぶり、声の出し方などを考えてみること。
4 本題を話す前に、あらかじめ参加者に質問しておき、これから話すことについての興味や関心・理解度などを把握すること。
5 リーダーの指示・命令を徹底させるためには、単調な話し方、声の出し方ではなく、声の強弱・高低に変化をつけたり、話すリズムに緩急を付けたり、間のとり方を工夫すること。

参考文献

厚生労働省（2022）令和3年簡易生命表の概況.

厚生労働省（2021）第16回健康日本21推進専門委員会資料.

厚生労働省（2019）国民医療費の概況.

スポーツ庁（2022）スポーツ基本計画.

スポーツ庁（2022）令和3年度「スポーツの実施状況等に関する世論調査」.

公益財団法人日本レクリエーション協会ホームページ　https://recreation.or.jp/

黒田祥子（2012）「日本人の余暇時間」『日本労働研究雑誌』625号, 32頁.

国土交通省（2018）「第2章　ライフスタイルに対する国民の意識と求められるすがた」『平成29年度 国土交通白書』.

笹川スポーツ財団（2019）「2. 年代別にみたエクササイズ系種目の実施率の年時推移」https://www.ssf.or.jp/thinktank/sports_life/column/20190123.html

第 2 章

身近にあるエコ素材を使った
クラフトとゲーム

　エコ（ecology の略）に対し、地球規模での認識が深まっています。今では幼児から高齢者までの各階層に関心をもたれるようになり、自発的に何かに取り組もうとする気運も高まっています。

　エコロジーは、もとより地球規模の課題ですが、身近な取り組みとして「3R 運動」：リデュース（REDUCE＝ごみを減らす）の R、リユース（REUSE＝再利用）の R、リサイクル（RECYCLE＝再資源化）の R の 3 つの R をまとめて 3R」が強調されるようになってきました。特にこの章では、リユース（再利用）の意識を大切にして、再利用できる素材を使い工作品を作り、その制作の過程や出来栄えを楽しんだり、できたモノを使って、みんなでゲームなどに使用して相乗的な楽しみを味わうことを狙っています。ここではエコ・クラフトの代表的な作り方を例示し、それらを使ったゲームの展開例を紹介します。

1 エコ素材別のハンドメーキング・ゲーム

1 ハンガー　クリーニング時についてくる針金製ハンガーを利用します。

ラケットづくり

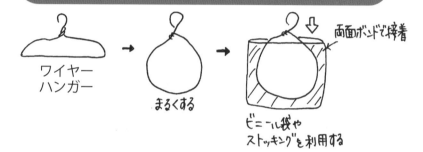

ワイヤーハンガー

まるくする

両面ボンドで接着

ビニール袋やストッキングを利用する

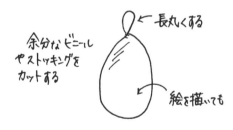

長丸くする

余分なビニールやストッキングをカットする

絵を描いても

遊びかた
① ラケットでピンポン玉をつきましょう。
② 羽根つき、スプーンレース、バケツリレーなどをしてみましょう。
③ ルールを決めてグループ対抗にしましょう。

ゲームの展開
①ビーチボールつき……何回つけるかな
②ビーチボール運び・スプーンレース
③ボールリレー・バケツリレー
④ミニバドミントン

2　新聞紙

吹き矢づくり

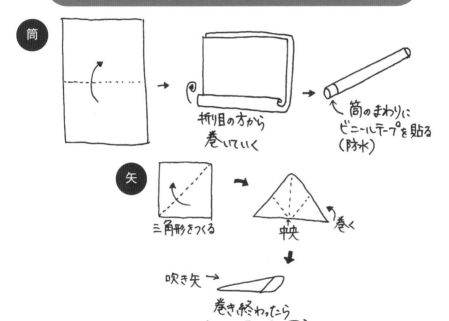

筒

折り目の方から
巻いていく

筒のまわりに
ビニールテープを貼る
（防水）

矢

三角形をつくる　　中央　　巻く

吹き矢 →

巻き終わったら
セロハンテープで固定

遊びかた
① 矢を遠くまで飛ばしたり的に当てたりしましょう。
② バケツをホールに見立ててゴルフ風の遊びをしましょう。
③ ルールを決めてグループ対抗にしましょう。

ゲームの展開
①遠くまで飛ばそう
②的当て・ダーツ
③吹き矢ゴルフ
④ナイスショット・標的に一番近いのはだーれ

3 牛乳パック

ゲートボールクラブづくり

① 牛乳パックを2つつなげる

② もう1つの牛乳パックの側面に①の底面と同じサイズの穴を開ける

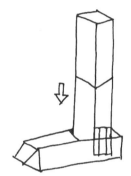

③ 穴に①でつなげた牛乳パックを差し込みテープで固定する

遊びかた
① クラブを使って柔らかい（ソフトテニスボールのような）ボールを打ちましょう。
② ゲートボールやグラウンドゴルフをしましょう。
③ ルールを決めてグループ対抗にしましょう。

ゲームの展開
①ゲートボール
②グラウンドゴルフ
③クロッケー
④パターボーリング

4　ダンボール

フリスビーづくり

① 段ボールを丸く2枚切りとる　② 2枚を重ねて貼り
強度をつける　縁をテープで巻く

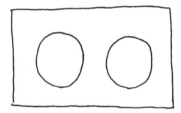

遊びかた
① フリスビーを使ってまっすぐや遠くに飛ばしましょう。
② バケツをホールに見立ててゴルフ風の遊びをしましょう。
③ ルールを決めてグループ対抗にしましょう。

ゲームの展開
①まっすぐ飛ばそう
②遠くに飛ばそう
③フリスビー輪くぐり
④フリスビーゴルフ

5 ペットボトル

ラクロスのクロスづくり

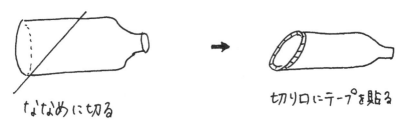

炭酸のペットボトルを使用する

ななめに切る

切り口にテープを貼る

使用するペットボトルのサイズ＝ 1.5 リットル

遊びかた
① クロスを使って柔らかい（ソフトテニスボールのような）ボールを打ちましょう。
② 2 人でキャッチングをしましょう。
③ ラクロスゲームもできます。

ゲームの展開
①スローイング
②キャッチング
③キャッチボール
④ラクロスゲーム

6　空き缶

モルック（投げる棒）＆スキットル（的）づくり

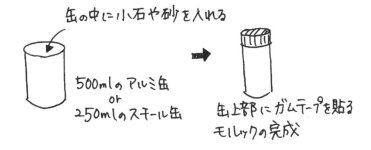

缶の中に小石や砂を入れる

500mlのアルミ缶
or
250mlのスチール缶

缶上部にガムテープを貼る
モルックの完成

モルックと同様に10個作る
1〜10まで数字を書いて
スキットルの出来上がり

遊びかた
① モルックをスキットルに投げ当てましょう。
② 倒れたスキットルに書かれている数字が合計得点になります。
③ モルックの詳しいルールは日本モルック協会のホームページに載っています。
　 https://molkky.jp/molkky/

ゲームの展開
①的あて
②ボーリング
③モルックの投げ当てゲーム
④モルック遊び

けん玉づくり

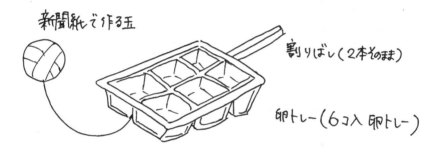

新聞紙で作る玉

割りばし（2本そのまま）

卵トレー（6コ入 卵トレー）

遊びかた
① けん玉遊びをしましょう。
② あらかじめ記してある番号を意識してみましょう。
③ ルールを決めてグループ対抗にしましょう。

ゲームの展開
①上に乗せよう
②穴に入れよう
③決められた穴に入れよう
④全部の穴に順番に入れよう

8 レジ袋（ビニール、紙など）

パラバルーンづくり

数枚つなげて バルーンとして使う

切る

遊びかた
① 複数人で大きなシートを持ちます。揺らして波を作ったり、上げたり下げたりしてお山を作ったりしましょう。
② ポップコーン遊び（バルーンの上に新聞紙で作った玉を乗せて、落とさないように上下に振る）。
③ 玉を落とさないようにしましょう。

ゲームの展開
※複数人で大きなシートを持ち、
①波（揺らして）
②お山（上げた後すぐに床面まで下げる）
③ポップコーン（バルーンの上に新聞紙で作った玉を乗せて、落とさないように上下に振る）
④表現遊び

9　芯（ラップ、反物など）

ジャベリン（やり）づくり

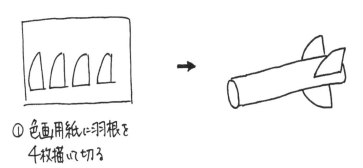

① 色画用紙に羽根を
　4枚描いて切る

遊びかた
① まっすぐ投げたり、遠くに投げたりしましょう。
② 的に向かって投げたりストラックアウト風の遊びをしましょう。
③ ルールを決めてグループ対抗にしましょう。

ゲームの展開
①まっすぐ投げる
②遠くに投げる
③的に当てる
④ストラックアウト

ロケットづくり

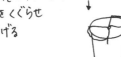

① 4等分した部分に
　1cmの切り目を入れる

　輪ゴムを2本かさねて
　片方をくぐらせ
　つなげる

② 輪ゴムを切り目に
　十字になるよう引っ掛ける

③ 色画用紙にロケットの羽根やあたまなどを
　描いて切りとり、②のコップに貼る

④ 発射台となるコップに③のコップを重ね
　下までぐぐっと押さえ手を離すとビューンと飛ぶ

遊びかた
① まっすぐ投げたり、遠くに飛ばしたりしましょう。
② 的に向かって投げたりストラックアウト風の遊びをしましょう。
③ ルールを決めてグループ対抗にしましょう。

ゲームの展開
①ロケット打ち上げ
②高く飛ばす
②遠くに飛ばす
④狙ったところに飛ばす

第 **3** 章

からだを使った遊び

1 　五感を使ってみんなで楽しもう

　ここでは保育の現場から介護施設まで、どこでも誰でもが少人数で簡単にできる遊びを紹介します。

　日本人のこころであるわらべ歌や手遊び、そして人から人へと受け継がれてきた伝承遊びをもとにした遊びについて「する」楽しさ、「リーダーなど役割を演じる」楽しさを感じてみましょう。

1 あがりめ　さがりめ

2 にらめっこしましょ

3 ひげじいさん

4 いとまき

5 おべんとうばこのうた

6 いっぽんばし　こちょこちょ

7 やきいも　グーチーパー

8 おちゃらかほい

9 グーチョキパーでなにつくろう

10 あっちむいてホイ

11 進化じゃんけん

12 グリコじゃんけん

13 新聞紙じゃんけん

14 おせんべいやけたかな

15 ずいずいずっころばし

16 もしもし亀よ

17 八百屋さん

18 おちたおちた

19 なべなべそこぬけ

20 ビンゴゲーム（サイン集め）

1　あがりめ　さがりめ

【人数】2人～
【対象】1歳～

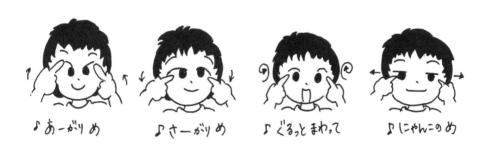

♪あーがりめ　　♪さーがりめ　　♪ぐるっとまわって　　♪にゃんこのめ

遊びかた
① 人差し指を目じりに置きます。
② 「あがりめ」で目じりを上げます。
③ 「さがりめ」で目じりを下げます。
④ 「ぐるっとまわって」で目じりを回します。
⑤ 「にゃんこのめ」で目じりを横に引っ張ります。

2 　にらめっこしましょ

【人数】2人～
【対象】1歳～

♪だるまさん〜
　だるまさん〜

♪あっぷっぷ!!

♪　だるまさん　だるまさん
　　にらめっこしましょ
　　わらうと（わろたら）だめよ
　　あっぷっぷ

遊びかた
① お互いに向かい合って座ります。
② だるまさんの歌をうたいます。
③ 「あっぷっぷ」に合わせてお互いにおもしろい顔をします。
③ 先に笑った方が負けです。

アレンジ
　おもしろい顔をしながら、どちらが息を長く止めていられるかなど、ルールを変えて楽しむことができます。

3 ひげじいさん

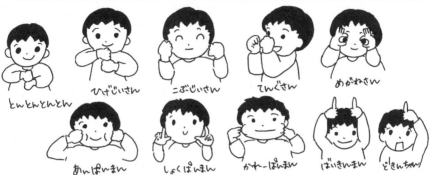

とんとんとんとん　ひげじいさん　こぶじいさん　てんぐさん　めがねさん
あんぱんまん　しょくぱんまん　かれーぱんまん　ばいきんまん　どきんちゃん

【人数】2人～

【対象】1歳～

♪　とんとんとんとん　ひげじいさん　（アンパンマン）
　　とんとんとんとん　こぶじいさん　（ショクパンマン）
　　とんとんとんとん　てんぐさん　　（カレーパンマン）
　　とんとんとんとん　めがねさん　　（バイキンマン）
　　とんとんとんとん　手はうえに　　（ドキンちゃん）
　　きらきらきらきら　手はおひざ　（ぼく　ちーず　わん）

遊びかた

① 両手でグーをつくったら、「とんとんとんとん」に合わせて上下交互にたたきます。　＊「とんとんとんとん」は全て同じです。

② 「ひげじいさん」であごの下に両手のグーをくっつけてひげをつくります。

③ 「こぶじいさん」でほっぺたにそれぞれグーをつけてこぶをつくります。

④ 「てんぐさん」で鼻に両手のグーをつけて長い鼻にします。

⑤ 「めがねさん」で両手それぞれ親指と人差し指で丸をつくって目のところに持っていきます。

⑥ 「手はうえに」でばんざいします。

⑦ 「きらきらきらきら」手をひらひらさせながらおろしてきます。

⑧ 「手はおひざ」で手を膝の上におきます。

アレンジ

　「手はおひざ」を「手はうしろ」や、「手はあたま」、「手はおくち」、「手はおへそ」など、様々なからだの部位に変えたり、「こぶ」や「てんぐのはな」の後に「ぽろっ」や「ぽきっ」など効果音を付け足すことで、さらに楽しく取り組むことができるでしょう。

　また、アンパンマンバージョンもあります。「ぼく　ちーず　わん」を「手はおひざ」としたり、アンパンマンのキャラクターを変えたりしながら遊ぶこともできます。

4 いとまき

【人数】2人〜
【対象】1歳〜

♪ いとまきまき　いとまきまき
　ひいて　ひいて　トントントン
　いとまきまき　いとまきまき
　ひいて　ひいて　トントントン
　できた　できた　こびとさんのおくつ（じょうずにできた）

♪いとまきまき　　手を左右に引く　♪とんとんとん　　手をたたいて　　手を前や頭の上で
　　　　　　　　♪ひいて　ひいて　　　　　　　　　♪できた　できた　　形を表す

遊びかた

① 両手をグーにします。「いとまきまき　いとまきまき」と歌いながら、胸の前で両手をぐるぐる回します。
② 「ひいて」で胸の前でグーを合わせて、左右にひっぱります。2回します。
③ 「トントントン」に合わせて、胸の前で両手のグーを軽くたたきます。
④ 「できた　できた」に合わせて、胸の前で両手を8回たたきます。
⑤ 「こびとさんのおくつ」で小さい靴の形を手で表現します。

アレンジ

　「こびとさんのおくつ」をこどもたちに合わせて、「〇〇ちゃんのぼうし」や「〇〇ちゃんのカバン」など、いろいろなものに変えて歌ってみましょう。

5 おべんとうばこのうた

【人数】2人～
【対象】2歳～

♪ これっくらいの　おべんとばこに
　おにぎり　おにぎり　ちょいとつめて
　きざみしょうがに　ごましおふって
　にんじんさん　さくらんぼさん
　しいたけさん　　ごぼうさん
　あなのあいた　れんこんさん
　すじのとおった　ふき

ありさんのお弁当は 小さく

おにぎりも小さく
♪そっと つめて

ぞうさんのお弁当は 大きく

おにぎりも 大きく
♪どんとつめて

にんじん さん

あなのあいた れんこん

すじのとおった

ふーき

遊びかた
① 「これっくらいの　おべんとばこに」で、両手で四角いお弁当箱の形をつくります。
② 「おにぎり　おにぎり」で、両手でおにぎりを握るようなしぐさをします。
③ 「ちょいとつめて」で、お弁当箱におにぎりを入れるしぐさをします。
④ 「きざみしょうがに」で、包丁で切るまねをします。
⑤ 「ごましおふって」で、ごましおをふりかけます。
⑥ 「にんじんさん」　⑦ 「さくらんぼさん」　⑧ 「しいたけさん」　⑨ 「ごぼうさん」
⑩ 「あなのあいた　れんこんさん」　　⑪ 「すじのとおった　ふき」

アレンジ
　ありさんの小さいお弁当箱や、ぞうさんの大きなお弁当箱をイメージしたり、お弁当のおかずを「いちご」「にくだんご」「さんま」「しゅうまい」「ゴーヤ」などそれぞれ数字の頭文字から始まる食べ物に変えて楽しむこともできます。
　また、一人ひとりにお弁当箱を用意し、工作した様々なおかずの中から自分好みのお弁当をつくることで、人との違いを楽しむこともできるでしょう。

6　いっぽんばし　こちょこちょ

【人数】2人～
【対象】0歳～

♪　いっぽんばし　こちょこちょ
　　つねって　たたいて
　　かいだんのぼって
　　こちょこちょこちょこちょ

　　にほんばし　こちょこちょ
　　つねって　たたいて
　　かいだんのぼって
　　こちょこちょこちょこちょ

いっぽんばし　こーちょこちょ　　かいだん　のぼって　　こちょ　こちょ

遊びかた
① 2人で向かい合って座ります。どちらがこちょこちょをするのか決めます。
②「いっぽんばし」で相手の手の甲（手の平）に人差し指で1本の線を引くよう
　に橋を描きます。
③「こちょこちょ」で手の甲をこちょこちょとくすぐります。
④「つねって」で、手の甲を優しくつねります。
⑤「たたいて」で、手の甲をポンと軽くたたきます。
⑥「かいだんのぼって」で、人差し指と中指2本で手の甲から肩の方に向けて上っ
　ていきます。
⑦「こちょこちょこちょ」でわきの下や体をくすぐります。

アレンジ
　手だけでなく、足の裏やおなか、背中などいろんな場所で遊ぶこともできます。

7 やきいも グーチーパー 秋の実りの時期にピッタリな手遊び歌

【人数】2人〜
【対象】2歳〜

♪ やきいも やきいも おなかがグー
　ほかほか ほかほか あちちのチー
　たべたら なくなる なんにもパー
　それ やきいも まとめて グー チー パー
　さいしょはグー じゃんけん ホイ

遊びかた

① 「やきいも　やきいも」で、胸の前に両手でサツマイモの形をつくり、軽く左右に振ってリズムをとります。

② 「おなかがグー」で、両手でグーをつくり、おなかに当てます。

③ 「ほかほか　ほかほか」で、手のひらをパーにしておにぎりを握るようなイメージで手を軽く振ります。

④ 「あちちのチー」で、顔の横辺りで両手をピースサイン（チョキ）にします。

⑤ 「たべたら　なくなる」で、両手を交互に口の方にもっていきます。

⑥ 「なんにもパー」で、顔の横辺りで両手をパーにします。

⑦ 「それやきいも　まとめて」で、手をたたきます。

⑧ 「グー　チー　パー」に合わせて、顔の横辺りで両手でそれぞれグーとチョキとパーをつくります。

⑨ 「さいしょはグー、じゃんけんホイ」のかけ声に合わせてじゃんけんをします。

歌詞をイメージした振りつけを楽しむ遊び歌
・げんこつやまのたぬきさん

8 おちゃらかほい

【人数】2人〜
【対象】4歳〜

「おちゃ」　「らか」　「ホイ!!」

「かったよ」　「まけたよ」

♪ おちゃらか　おちゃらか
　 おちゃらか　ホイ
　 おちゃらか　かったよ
　 おちゃらか　ホイ
　 おちゃらか　まけたよ
　 おちゃらか　ホイ
　 おちゃらか　あいこで（「同点」ともいう）
　 おちゃらか　ホイ

遊びかた

どちらが歌をうたう役をするのかを決めておきます。

① お互いに向かい合って両手を前に出し、手をつなぎます。

② 「せっせっせー」でつないだ手を上下に3回振ります。「よいよいよい」で手
　をつないだまま手をクロスさせて上下に3回振って始めます。

② お互いに左手の手のひらを上に向けます。「おちゃ」で、自分の右手で自分の
　左手の手の平をポンとたたきます。「らか」で相手の左手の手のひらをポンと
　たたきます。これを交互に繰り返します。

③ 「ホイ」でじゃんけんをします。（歌を歌っている人がじゃんけんに勝った場合）

④ 「おちゃらか　かったよ」の「おちゃらか」で気をつけの姿勢をとり、「勝ったよ」
　で勝った喜びを自由に表現します。この時、負けた人は泣き真似など負けた
　悲しさや悔しさを表現します。

⑤ 「おちゃらか　ホイ」で、「おちゃらか」で気をつけの姿勢、「ホイ」でじゃ
　んけんをします。

⑥ 「おちゃらか　あいこで」では、気をつけの姿勢から「あいこで」に合わせ
　て両手を軽くにぎってグーをつくり、両手を腰に当てます。

アレンジ

　2人以上でも遊ぶことができます。歌をうたう人を交代してみましょう。

9　グーチョキパーでなにつくろう

【人数】2人～
【対象】3歳～

かたつむり

かにさん

ちょうちょ

♪　グーチョキパーで　グーチョキパーで
　なにつくろう　なにつくろう
　みぎてがチョキで　ひだりてもチョキで
　かにさん　かにさん

　グーチョキパーで　グーチョキパーで
　なにつくろう　なにつくろう
　みぎてがグーで　ひだりがチョキで
　かたつむり　かたつむり

ヘリコプター

ブランコ

遊びかた
① 両手を前に出します。「グーチョキパーで　グーチョキパーで」に合わせて、両手それぞれグー、チョキ、パーをします。
② 「なにつくろう　なにつくろう」で、両手をパーにして左右に振ります。
③ 「みぎてがチョキで」で、右手をチョキにします。
④ 「ひだりてもチョキで」で、左手をチョキにします。
⑤ 「かにさん　かにさん」で、右手のチョキと左手のチョキを合わせてカニをつくります。

アレンジ
　グー、チョキ、パーの組み合わせでたくさんの物をつくることができます。それぞれ個々で楽しむこともできますし、みんなで考えたものを歌ってやってみるのも楽しいでしょう。

10 あっちむいてホイ

【人数】2 人～
【対象】4 歳～

遊びかた

「じゃんけんホイ、あっちむいてホイ」のかけ声に合わせて遊びます。

① 2 人で向かい合います。
② 「じゃんけんホイ」でじゃんけんをします。
③ 勝った人は、人差し指を相手の顔の前に持っていき、「あっちむいてホイ」と
言いながら、「ホイ」と同時に上下左右のどこかに指を向けます。
④ じゃんけんに負けた人は、「ホイ」に上下左右のどこかに合わせて顔を向けま
す。勝った人が指した方向に顔を向けると負けです。

11 進化じゃんけん

【人数】2 人～
【対象】3 歳～

遊びかた

じゃんけんに勝つごとに進化していきます。何に進化するのか順番を決めておきます。

進化する順番を絵で描いたり、絵を貼っておくと取り組みやすいでしょう。

例：カエル→ネコ→人間

① 全員が「カエル」からはじめます。手を床において小さくかがんで歩き、「ゲロゲロ」と言いながら「カエル」を探してじゃんけんします。じゃんけんに勝った人は「ネコ」になります。負けた人は「カエル」のままです。

② 「ネコ」は両手両足をつけて歩きまわりながら、「ニャーニャー」と言って「ネコ」を探します。「ネコ」とじゃんけんをして勝てば人間になれます。人間になったら抜けていきます。

アレンジ

「カエル」同士じゃんけんをして負けたら「カエル」のまま、「ネコ」同士じゃんけんをして負けたら「ネコ」から「カエル」に一段階戻るというルールですが、「カエル」の下に「タマゴ」を追加してもよいでしょう。進化する動物をみんなで考えてみましょう。

12　グリコじゃんけん

【人数】2人〜
【対象】5歳〜

遊びかた

① スタートラインとゴールラインを決めます。

② じゃんけんをしてグーで勝った人は「グリコ」と言いながら3歩、チョキで勝った人は「チョコレート」と言いながら6歩、パーで勝った人は「ハイナップル」と言いながら6歩、進むことができます（パイナップルをパパイヤとして4歩進むというルールもあります）。

③ じゃんけんを繰り返し、早くゴールした人から抜けていきます。最後の1人になるまで行います。

13　新聞紙じゃんけん

【人数】2人〜
【対象】4歳〜

遊びかた

　1人1枚新聞紙を用意します。
① 自分の新聞紙の上に乗ってじゃんけんをします。
② 負けた人は新聞紙を半分に折ります。
③ ①と②を繰り返します。
④ 自分の新聞紙が小さくなりすぎて、上に乗っていられなくなったら負けです。
　負けた人は、誰が最後まで残るか座って応援しましょう。

14 おせんべいやけたかな

【人数】2人〜
【対象】0歳〜2歳

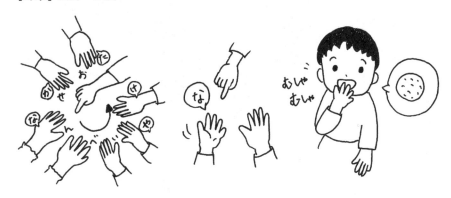

遊びかた
① 手のひらを上に向けます。
② リーダーが「お・せ・ん・べ・い・や・け・た・か・な」と歌いながら、指で
　手のひらを順番に指していきます。
③ 「な」で止まった人の手のひらを下に向けます。そこからまた「おせんべい
　やけたかな」と繰り返していきます。
④ 手のひらが下になっている人のところで指が止まったら、おせんべいの焼き
　あがりなので終了です。手を口に持っていき、「おせんべいどんな味かな？」
　とむしゃむしゃ食べるまねをすると小さいどもたちは喜ぶでしょう。

アレンジ
　仰向け、うつ伏せに寝転んで行うのも楽しいでしょう。ひっくり返る際に隣同士
がぶつからないようにきちんと間隔をあけましょう。

15 ずいずいずっころばし

【人数】2人〜
【対象】4歳〜

♪ ずいずいずっころばし　ごまみそずい
ちゃつぼにおわれて　トッピンシャン
ぬけたらどんどこしょ
たわらのねずみが　こめくってチュウ
チュウ　チュウ　チュウ
おっとさんがよんでも
おっかさんがよんでも
いきっこなしよ
いどのまわりで　おちゃわんかいたの
だあれ

 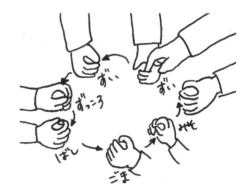

遊びかた
① みんなで向かい合って輪になり、両手を真ん中に出します。そして軽く握り
　輪を作ります。
② リーダーを決め、リーダーは左手だけ輪を作って真ん中に出します。
③ リーダーは「ずいずいずっころばし」と歌いながら、人差し指をみんなの輪
　に順番にいれていきます。
④ 歌の最後にリーダーの指が輪に入った人が次のリーダーになり、③を繰り返
　していきます。

16　もしもし亀よ

【人数】2人〜
【対象】4歳〜

♪　もしもしかめよ　かめさんよ
　　せかいのうちで　おまえほど
　　あゆみののろい　ものはない
　　どうしてそんなに　のろいのか

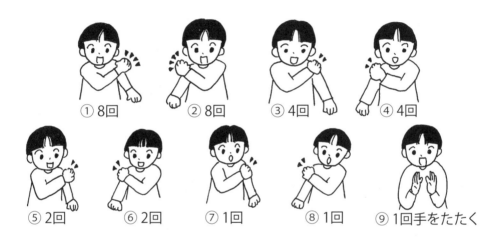

① 8回　　② 8回　　③ 4回　　④ 4回

⑤ 2回　　⑥ 2回　　⑦ 1回　　⑧ 1回　　⑨ 1回手をたたく

遊びかた

① 右手を軽く握ってグーをつくり、「もしもしかめよ　かめさんよ」に合わせて、左肩を8回たたきます。

② 次に左手を軽く握ってグーをつくり、「せかいのうちで　おまえほど」に合わせて、右肩を8回たたきます。

③ 「あゆみののろい」で、右手で左肩を4回たたきます。

④ 「ものはない」で、左手で右肩を4回たたきます。

⑤ 「どうして」で、右手で左肩を2回たたきます。

⑥ 「そんなに」で、左手で右肩を2回たたきます。

⑦ 「のろ」で、右手で左肩を1回たたきます。

⑧ 「いの」で、左手で右肩を1回たたきます。

⑨ 「か」で、胸の前で手を1回たたきます。

17 八百屋さん

【人数】2人～
【対象】5歳～

♪ やおやのおみせにならんだ
しなもの　みてごらん
よくみてごらん　かんがえてごらん
あったらふたつ　てをたたこう

♪やおやのおみせに　♪よくみてごらん　♪かんがえてごらん
ならんだ～

遊びかた
　八百屋さんにあるものかどうかを判断する遊びです。
① リーダーを決め、「やおやのおみせにならんだ…てをたたこう」と歌います。
② リーダーが「キャベツ」など野菜の名前を言ったら、みんなで「ある　ある」
　と言いながら手を2回たたきます。
③ 野菜以外の名前が出たときは「ない　ない」と言いながら手をクロスしてバ
　ツをつくります。野菜以外の名前が出たときに手をたたいてしまったらアウト
　です。

アレンジ
　歌のスピードに変化をつけたり、他のお店屋さんに変えてみましょう。

18　おちたおちた

【人数】2 人〜
【対象】4 歳〜

♪　リーダー「おちた　おちた」
　　参加者「なにがおちた」
　　リーダー「○○がおちた」

遊びかた

① まずリーダーを決めます。
　そしておちたものによってどの
　ようなポーズをするのかを決め
　ておきます。例えば、かみなり
　が落ちたときはおへそを押さえ
　る、げんこつが落ちたときは頭
　を押さえる、りんごが落ちたと
　きは手でお椀の形をつくって受
　け止めるなど。

② リーダーが「おちた　おちた」
　と歌います。

③ リーダー以外の人は「なにがお
　ちた」と歌います。

④ リーダーが「かみなり」と言っ
　たら、みんなはおへそを押さえ
　ます。
　これを繰り返します。押さえる
　ところを間違えた人が次のリー
　ダーになります。

「カミナリが おちた」

お〜そを押さえる

「げんこつが おちた」

頭を押さえる

「みかんが おちた」

おわんの形をつくる

19　なべなべそこぬけ

【人数】2人～

【対象】4歳～

♪　なべなべ　そこぬけ
　　そこがぬけたら
　　かえりましょ

♪ なべなべ そこぬけ
　 そこがぬけたら

♪ かえりま

♪ しょ！

遊びかた

① 2人で向かい合って手をつなぎます。

② 「なべなべ　そこぬけ　そこがぬけたら」の歌に合わせて手を左右に振ってリズムをとります。

③ 「かえりましょ」で、つないでいる手の片方を上に上げてトンネルを作り、そこをくぐるようにしてくるっと回り、手をつないだまま背中合わせになります。

④ 背中合わせのまま、「なべなべ　そこぬけ　そこがぬけたら」の歌に合わせて手を振ります。

⑤ 「かえりましょ」でつないでいる片方の手を上げて、頭の上を通すように回すともとに戻ります。

＊注意

無理やり手をひっぱるとケガをします。

大人と子どもが行う時は大人がしゃがむとうまくいきます。

大人数でもすることができます。

20 ビンゴゲーム（サイン集め）

【人数】2人〜
【対象】4歳〜

遊びかた

　紙と鉛筆（色鉛筆）を準備します。

① マスが書かれた紙を用意します（マスの数は人数に応じて決めます）。
② じゃんけんをして、勝った人は負けた人にフルネームでサインをもらいます。
③ 全部のマスが埋まるまでじゃんけんをします。
　　（早くマスが埋まった人もじゃんけんをすることができます）。
④ 全員のマスが埋まったら、リーダーが参加者の名前を呼んでいきます。
⑤ タテ、ナナメ、ヨコのどこか1列が揃った人は上がりです。

アレンジ

　サインの代わりに、マスを好きな色で塗ったり、好きな動物のシールを貼ったり、
食べものなどを書いてもらったり、年齢に応じて工夫するとよいでしょう。

2 いくつかの班や組に分かれて楽しもう

　人と人とのかかわりやつながりのなかから、遊びが広がり楽しみ方が変わっていきます。いくつかの班（組）に分かれることによって、相手チームとの対抗心や競争心をもって遊びに没頭することができます。相手を意識して遊ぶことによって、さらにゲームを楽しめるようになるでしょう。

1 インゴニャーマ

【どんな遊び？】

　「インゴニャーマ」はアフリカのズールー語で「ライオン」の意味です。動物の名前を大きな声で呼ぶ遊び。大きな声で動物の名前を言ったグループの勝ちです。

【人数】10人〜

【対象】4歳〜

遊びかた

① 動物の名前（ライオン、トラ、オオカミ、カバ、ゾウ、ネコ、イヌ）のグループを数グループ作ります。

② 司会者が「絶対絶対」と言った後、グループみんなで自分のグループの動物名を叫びます。

③ 声が大きく聞こえたグループの勝ちです。

★遊びのワンポイント

① 声の大きさは司会者が判定します。

② 「声が揃ったグループの勝ち」「小さい声のグループの勝ち」など、様々なルールでおこなってみましょう。

2　じゃんけん列車

【どんな遊び？】
　曲に合わせて歌い、歌が止まると「ガッシャーン！」と両手でハイタッチをしてから、じゃんけんをします。じゃんけんで負けた人は勝った人の後ろに回り肩に手を置きつながります。勝った人はまたじゃんけんをしてどんどんつながっていく遊び。
【人数】10 人〜
【対象】4 歳〜

♪　かもつ列車シュシュシュ
　　いそげいそげシュシュシュ
　　今度の駅へシュシュシュ
　　積もうよ荷物　ガッシャーン！

遊びかた
① 曲に合わせて歩きます。
② 曲が鳴り終わるまでに次にじゃんけんをする人を見つけます。
③ 曲が止まると「ガッシャーン！」と言って、両手でハイタッチをしてから、じゃんけんをします。
④ この動作を何度も繰り返し、最後の一台になるまで続けます。

★遊びのワンポイント
① ぶつからないように周りを見て歩きます。
② じゃんけん列車が長くなってくると、後ろの人がついてこられるように歩くスピードを考えましょう。
③ ハイタッチは「アイコンタクト」「グータッチ」「肘タッチ」などに変更してもおもしろいです。
④ 最後まで勝ち続けた人には、みんなでお祝いしましょう。
　最後列から 2 人は両手でアーチを作って、トンネルを作ります。その中を優勝した列車が通過します。

3 あまのじゃく

【どんな遊び？】
　リーダーの指示することと反対の動作をする遊び。
【人数】10人程度
【対象】5歳〜

遊びかた
① リーダーを決めます。リーダーはみんなの前や円の中央に立ちます。
② 「両手を上に！」「両手を下に！」「座る！」「ジャンプ！」などの指示を出します。
　 みんなはその指示の反対の動作をします。
③ 最後まで残った子の勝ちとなります。

★遊びのワンポイント
① リーダーは指示を出すときの動作をはっきり言って示します。
② リーダーの言葉だけでなく、言った通りの動き（両手を上げるなら両手を上げる）
　 をすると、ゲームがさらに難しくなります。
③ 慣れてきたら上下左右の動きだけではなく、難しい指示に変更していっても
　 楽しめます。

4 スピーカー

【どんな遊び？】

　グループの人数に合わせた文字を一斉に発表し、その文字を集めて、言葉が何かを当てるゲーム。

【人数】10 人～

【対象】5 歳～

遊びかた

① グループを分ける。人数に合わせた文字を考えます。

　　例）4 名なら 4 文字。6 名なら 6 文字。

② その文字を誰が何を言うか決めます。

　　例）らいおん→A児・ら　B児・い　C児・お　D児・ん

③ 相手グループに向けて一斉に 1 文字を言います。

④ 相手グループは文字を合わせて何と言っているのかを当てます。

★遊びのワンポイント

① 文字数と人数が同じなので、少ない文字数からはじめると楽しめるでしょう。

② 発表する時の声の大きさを変更してもおもしろいでしょう。

③ ホワイトボードや用紙に記入して、どの文字を発表するかあらかじめ用意しておくと、スムーズにゲームが進められるでしょう。

5 ウィンク鬼

【どんな遊び？】ウィンクだけで相手を倒せる鬼が誰なのか探すゲーム。
【人数】10 人〜 【対象】小学生〜

遊びかた
① 誰にもわからないように鬼を 1 人決めます。②全員が自由に歩き回ります。
③ 鬼は目が合った適当な人にウィンクをします。ウィンクされた人は少したってから、声を上げて倒れます（ゲームが終わるまで倒れたままです。もちろんしゃべることはできません）。
④ その間、みんなは誰が鬼なのか探します。鬼がわかった人は「わかった！」と言い、手を挙げます（指さしたり、名前を言ったりしてはいけません）。「わかった！」と言った人が 2 人でたところでみんなは動くのを止めます。
⑤ みんなで「鬼は？」と聞きます。「わかった！」と言った 2 人が「せーの」で鬼だと思う人を指さします。
⑥ 2 人の答えがともに正解の時、鬼は大きな声で笑いながら倒れます。2 人とも間違えた時、もしくは一人しか正解できなかった時、「わかった！」と言った 2 人は倒れます。ゲームに参加できなくなります。

★遊びのワンポイント
① 鬼の決め方は、くじ引きであらかじめ決めていたり、先生が決めていたりするとスムーズに始められます。
② ルールをできるだけわかりやすく伝えることが、このゲームのポイントです。
③ 鬼を 2 人、3 人に増やしたり、時間制限をしたりして、ルールを付け加えてもおもしろいでしょう。
④ ウィンクだけではなく、「手をタッチされた人」「えしゃくされた人」など違った表現を取り入れるのもおもしろいでしょう。

6　福笑い

【どんな遊び？】
　「おたふく」「ひょっとこ」などの顔輪郭を用意して、眉毛、目、鼻、唇のパーツを目隠しした状態で、顔輪郭の上にパーツを置いていくゲーム。
【人数】何人でも
【対象】3歳〜

遊びかた
① 「おたふく」「ひょっとこ」などの顔輪郭が描いてある紙と、眉毛、目、鼻、唇などのパーツを作ります。
② 1人が目隠しをして顔のパーツをすべて受け取ります。みんなで「まずは目をつけて！」「鼻をつけて！」などとつけるパーツを指定します。
③ 顔輪郭の上にそれぞれの顔のパーツを置いていきます。見ている人は、「もっと右！」「下だよ！」などと声をかけながら進めます。
④ すべてのパーツを置いたところで、目隠しをはずします。
⑤ おもしろい顔になっていたら大笑いですね。

★遊びのワンポイント
① 「おたふく」や「ひょっとこ」でなくても、「担任の先生の顔」「キャラクター」などを使うのもおもしろいですね。
② グループでどっちがうまく誘導できたか競ってみましょう。

7　伝言ゲーム

【どんな遊び？】

　メッセージを次々に伝えていって、正確さを競うゲーム。

【人数】10 人～

【対象】4 歳～

遊びかた

① 数名で 1 グループになります。グループごとに縦 1 列に並びます。

② 先頭の人は、先生に問題の文章や単語を教えてもらい、それを覚えます。

③ 「よーい、スタート」の合図で、先頭の人は次の人へ小さな声で耳打ちをして伝えていきます。1 度で伝えるようにしましょう。聞き直しをしてはいけません。

④ 全部のグループが最後まで伝え終わったら、順番に発表していきます。

⑤ 正確に伝えられたグループの勝ちです。

★遊びのワンポイント

① 幼児がするときには短い単語にしたり、2 語文にしたり、工夫することによって楽しめます。

② 大人がするときは、長文にして、難易度を変更してみましょう。

③ 「正確に伝えたグループの勝ちにする」「早く伝えたチームの勝ちにする」など勝ち方を工夫しても楽しめます。

④ 口で伝えるのではなく、背中に文字を書いて伝えたり、ジェスチャーで伝えたりするのもおもしろいです。

⑤ 途中で「○○だ！」などと伝えてしまう子もいると思います。最初のルール作りに注意しましょう。

8 どんま

【どんな遊び？】

「馬跳び」「長馬」「どうま」などの呼び方があります。馬になる人、乗り手になる人に分かれてするじゃんけん遊び。

【人数】10 人程度

【対象】小学生〜

遊びかた

① 「馬グループ」「乗るグループ」の 2 つのグループに分かれます。

② 馬グループは 1 人が壁に背中を付けて立ちます。残りの人は前の人の股に頭を入れて手で足につかまり、長い馬を作ります。

③ 乗るグループは順番に馬に飛び乗っていきます（この時に左右に倒れないようにマットなどを用意するとよいでしょう）。途中で馬がつぶれたら、②からやり直しましょう。

④ 全員が乗っても馬がつぶれなかったら、乗るチームの先頭の人と馬グループの立っている人がじゃんけんをします。負けたほうが次の馬グループになります。3 グループ以上ある場合は、負けたほうが、待っているグループと交代します。

★遊びのワンポイント

① 小さい子がチャレンジする時は、馬から落ちないように十分気を付けましょう。両側にマットをひいておくとよいでしょう。

② 「馬グループに全員が乗ったら勝ち」、「乗るチームが 1 人でも落ちてしまったら負け」など、様々なルールを作ってやってみましょう。

9 みんなで「あやとり」

【どんな遊び？】

　一つの大きなロープや紐を使ってあやとりをする遊び。

【人数】10人〜

【対象】小学生

遊びかた

① 1人でするあやとりの指の動きを、右手5人、左手5人でします。それぞれ親指、人差し指、中指、薬指、小指になります。

② 10人で心を合わせてあやとりをします。

③ 2グループ以上ある場合、あやとりを作る速さを競います。

★ 遊びのワンポイント

① 両手を使ったあやとりができるようになっていると、さらに楽しめます。

② 「お互いに声をかけながらあやとりをする」「声を出したらダメ」「1人の指示だけであやとりをする」など様々なルールでやってみるとさらに楽しめます。

③ 10人ずつチャレンジするので、指役を交代したり、待っている子と交代してみましょう。

10　ハンカチまわし①

【どんな遊び？】
　みんなでハンカチをパスして、誰がハンカチを持っているのか鬼が当て
るゲーム。
【人数】10 人〜
【対象】4 歳〜

遊びかた
① 鬼を 1 人決めて、鬼は円の中心に向いて目を閉じて立ちます。（または座ります）
② みんなで円を作り、円の中心の方を向いて立ちます。（または座ります）
③ 「よーいスタート」の合図で、ハンカチを隣の人へ回します。右回りか左回
　りか事前に決めておきましょう。
④ 鬼が「ストップ！」と言うと、ハンカチを回すのを止めます。
⑤ 鬼は誰がハンカチを持っているのか当てます。はずれた場合は再度スタート
　します。鬼はハンカチを持っている人を当てたら勝ちです。

★遊びのワンポイント
① 立ってする場合、座ってする場合、行う場所によって変更しましょう。
② ハンカチの数を数枚に増やしてもおもしろいです。
③ 鬼を決めずに、曲に合わせてハンカチを回す遊びもあります。曲が止まった
　時にハンカチを持っている人の負けです。みんなで知っている歌を歌っても
　よいでしょう。

11 押しくらまんじゅう

【どんな遊び？】
　腕を組んで、背中をくっつけて、みんなで掛け声をかけながら背中で押し合う遊び。
【人数】数名
【対象】3歳〜

遊びかた
① 外を向いて腕を組んで円を作ります。
② 大きな声で「おしくらまんじゅう　おされてなくな！」と掛け声を出しながら背中で押し合います。円の外に押し出されたら負けです。

★遊びのワンポイント
① 大人数ですると、背中をくっつけられず後ろに倒れる危険性があるので、少人数からはじめてコツをつかめるように配慮が必要です。
② 小さい子になると腕を組まずに、背中で押し合うのも良いです。腕を組んでいると、倒れた時に手が付けず危険なことがありますので注意しましょう。
③ 円から出たら負けとありますが、マットから落ちたら負け、マットに足がついたら負けなどその場の状況に合わせて安全に行えるようにしましょう。
④ 座った状態でやってみてもおもしろいです。

12 関所やぶり

【どんな遊び？】

　「じゃんけんリレー」「ドンじゃんけん」と呼ぶ場合もあります。じゃんけんに勝つまで次の走者に交代できないじゃんけん競争。

【人数】10 人〜

【対象】4 歳〜

遊びかた

① 各チーム同じ人数にして分かれます（同じ人数にならない場合は、1 人が 2 回する）。

② 各グループが縦 1 列に並びます。関守を 1 人選び、関守は別のグループの前に向いて立ちます。関守との距離は年齢に合わせるとよいでしょう。

③ 「よーいスタート！」の合図で各グループ先頭の人は自分のグループの前に立っている関守のところへ行ってじゃんけんをします。じゃんけんに勝ったら関守を回ってグループに戻り、次の人にタッチして交代します。負けた時は勝つまで続けます。

④ 全員がじゃんけんに勝って、早くスタート地点に戻ったグループの勝ちです。

★遊びのワンポイント

① 関守までの距離を変更してもおもしろいでしょう（遠くしたり、近くしたりします）。

② じゃんけんに負けたらスタート地点まで戻る、関守の後方にコーンを置いてそこまで走っていかなければまたじゃんけんができないなどのルールを付け加えてみましょう。

③ 体や足を使ったじゃんけんにしてもおもしろいです。

13　靴飛ばし的入れゲーム

【どんな遊び？】
　履いている靴を足で飛ばして、円を狙うゲーム。
【人数】数名から
【対象】3歳〜

遊びかた
① スタート地点に線を引きます。そこから離れた場所に円を書きます。
② 靴を足にひっかけて、足を使って飛ばします。
③ 円の中に入った靴の数で競い合います。

★遊びのワンポイント
① 円までの距離を離してみたり、近づけてみたりして調整をします。たくさん
　入ったり、1つだけ入ったりすることで、さらなるやる気につながります。
② 円を3周程度描き、真ん中5点、2つ目3点、外側1点、というように点数
　競争をしてもおもしろいです。
③ 戸外でも、室内でもできる遊びですが、靴は予期せぬところへ飛んでいく場
　合がありますので、周辺には十分注意が必要です。
④ 靴以外にも、スリッパや長靴などでチャレンジしても盛り上がるでしょう。
⑤ 円に入れるのが難しい場合、誰が一番遠くに飛んだか競争しても楽しめます。

14 円陣バランス

【どんな遊び？】
　手を合わせて押し合う遊び。　足を動かしてしまったら負けです。

【人数】10 人～

【対象】4 歳～

遊びかた

① 2 人組をつくって、手のひらを合わせて、向き合います。

② 「よーいドン！」の合図で、手を使って押したり引いたりして、相手のバラン
　スを崩します。足を動かしたり、相手の体に触ったりすると負けです。

③ 人数を増やして円陣を作ります。両隣の人と手のひらを合わせます。両隣の
　人のバランスを崩すように押したり引いたりします。

★ 遊びのワンポイント

① 押すだけではなく、引いて相手のバランスを崩すようにしましょう。

② 相手との距離によっても、遊びの難易度が上がります。腕を曲げて相手と手
　のひらを合わせたり、腕を伸ばして相手と手のひらを合わせたり、同じ遊び
　でも違う遊びのようになります。

③ 「両足立ち」「片足立ち」「足幅を狭める」「足幅を広げる」など様々な方法でチャ
　レンジしてみましょう。

④ 2 人から 3 人へ、3 人から 4 人へ。と増やしていっても良いですし、大人数か
　ら勝ち抜けで人数を減らしていっても良いです。ゲームのやり方次第で全く
　違うゲームになります。

15　うちなかそと

【どんな遊び？】
　2重の円を書き、内側、中側、外側を移動する遊び。
【人数】5、6人〜
【対象】4歳〜

♪
なかなかそとそと
なかなかうちうち
なかそとなかうち
なかうちなかなか

そと
なか
うち

遊びかた
① 円の内側で、前の人の肩をもって並びます。
② リズムや掛け声、歌に合わせて、「うち」で両足内、「なか」で両足中、「そと」
　で両足外に置きながらジャンプして前へ進みます。
③ 間違えたり、倒れたりするとやり直しです。みんなで呼吸を合わせましょう。

★遊びのワンポイント
① まずはみんなで「うち」「なか」「そと」の確認からはじめましょう。
② みんなで掛け声を合わせて進めてもおもしろいでしょう。
③ 1周回る時間を競い合ったり、失敗せずに何周回れるかを競い合ったりしま
　しょう。
④ 円の大きさや人数を変更しても楽しめます。

16 電車ごっこ

【どんな遊び？】
　ロープや段ボールを使って電車に見立てた遊び。

【人数】10 人〜

【対象】3 歳〜

遊びかた

① 線路や駅、遮断機などを作ります。

② 電車はロープや段ボールを利用して作ります。

③ 電車を両手で持って、線路を移動します。

④ 運転士、車掌、乗客になるなど役を交代して遊びます。

★遊びのワンポイント

① 電車の形や、大きさなどを工夫して作るのもおもしろいでしょう。

② 線路を作って同じ場所を回ったり、線路を決めずに自分たちでルートを決めたりして遊び方を変更することもできます。

③ 新幹線やリニアモーターカーになってスピードを競うのもおもしろいでしょう。その際は周りの環境に十分気を付けましょう。

17 バトンリレー

【どんな遊び？】

　バトンをつないでリレーをして速さを競うゲーム。

【人数】10人〜

【対象】3歳〜

遊びかた

① 数組のグループを作ります。グループは同じ人数にします。

② グループで円になります。

③ 1人がバトンをもち、「よーいスタート！」の合図で隣の人へバトンを渡します。

④ 最初の人にバトンが戻ってきたら、逆回りでバトンを渡します。

⑤ 最初の人にバトンが戻ってきたら、グループみんなで座ります。

⑥ 1番早くしゃがんだグループの勝ちです。

★遊びのワンポイント

① バトンは棒状、円状どちらでも構いません。

② 走るリレーではなく、バトンを渡していくリレーですので、室内でもできる遊びです。

③ 使用する手を「右手だけ」「両手を必ず使う」などと指定しても楽しめるでしょう。

④ 競争するだけではなく、クラスの団結力を高めるために、クラス全員で取り組んでみるのも良いでしょう。

18　いろはにこんぺいとう

【どんな遊び？】
　力比べができる歌遊び。
【人数】10 人程度（5 〜 8 人が遊びやすい）
【対象】3 歳〜

♪
いろはにこんぺいとう
えいやっ！

遊びかた
① 5 〜 8 人になるようにグループを作ります。
② 手をつないで輪を作ります。
③「いろはにこんぺい」と歌いながら回ります。（あらかじめ回る方向を決めておきます。）
④「とう」で止まり、足を踏ん張り、「えいやっ！」の掛け声で足を動かさずに押したり引っ張ったりして両隣の人を動かそうとします。
⑤ 足を動かしてしまった人は負けとなり、輪から抜けます。
⑥ 何度も繰り返し、最後に 2 人になります。

★遊びのワンポイント
① 2 グループを作って、決勝戦をしてもおもしろいでしょう。
② 人数を増やしたり、減らしたりするのも良いでしょう。
③ 動いてからすぐに引っ張ったり押し合ったりするので、倒れる可能性があるので、「えいやっ！」のタイミングを考慮しましょう。

19 ラブ・ラブ見つけよう

【どんな遊び？】

椅子を使わないフルーツバスケット。

【人数】10人～

【対象】5歳～

遊びかた

① 鬼を1人決めます。みんなは円になり、隣の人とペアを組みます。

② 鬼は円の真ん中に立ち、お題を言います。

例）半袖の人、朝ごはんを食べてきた人、お姉ちゃんがいる人、9月生まれの人など

③ ペアのうちどちらか、または両方がそのお題に当てはまったら、そのペアの相手と離れて別の人とペアを作ります。この時、鬼もペアになる人を探します。

④ ペアが探せなかった人が、次の鬼となります。

⑤ 「人間バスケット」というと、全員がペアを解消して、新しいペアを探します。

★遊びのワンポイント

① 「同じ人とペアにはなれません」「走ること禁止」「ペアがいない人は手を上げて探しましょう」「声を出してはいけません」などのルールを付け加えてもおもしろいです。

20　ヘビの皮抜け

【どんな遊び？】

　股の下から手をつなぎ、先頭の人の股下をくぐる遊び。

【人数】10 人〜

【対象】5 歳〜

遊びかた

① 同じ方向を向いて、縦一列に並びます。先頭の人が自分の股の下から片手を後ろの人に差し出します。

② すぐ後ろの人は先頭の人と握手をして、もう片方の手を股の下から後ろの人へ差し出します。

③ そして全員でつながります。

④ 2 番目に並んでいる人から順番に先頭の人の股下をくぐっていきます。その時に手を離してはいけません。

⑤ 全員が先頭の人の股下をくぐれたら成功です。

★遊びのワンポイント

① 手を離さないように気を付けましょう。手を離してしまうと、最初から再スタートします。

② グループを作って、対抗戦にしてもおもしろいでしょう。

③ 手をつないで動きにくい状態になりますので、小さい子がするときにはマットなどを準備しましょう。

3 みんなで輪になって楽しもう

　輪になることは、お互いの顔を見合わせながら活動することになり、必然的に目線や表情、声など様々な情報からコミュニケーションをとることができます。それは円滑なコミュニケーションにつながり、互いの信頼関係を築くのに有効であるといえるでしょう。

1 バイバーイゲーム

【どんな遊び？】
　歌遊び鬼ごっこ。
【人数】10 人〜
【対象】5 歳〜

遊びかた

① 鬼を 2 人決めます。みんな
　は円になって手をつなぎ、鬼
　は円の中心に立ちます。
② 「汽車汽車バイバイバイバイ、
　バイバイバイバイ、バイバイ
　だ！」の後、鬼はそれぞれ好
　きなところで円を切り、数人
　を切り離します。
③ 切り離された人は手を離し
　て、円の外側を走ります。鬼
　もそれに混ざって走ります。
　円の長い方の人たちはその
　まま立っています。
④ 走ったら円の遠い方を始点
　に順に並んで手をつなぎま
　す。つなぎ遅れた最後の 2
　人が次の鬼になります。

2 あぶくたった

【どんな遊び？】
　集団での歌遊び。

【人数】10 人程度

【対象】5 歳〜

遊びかた

① 鬼を 1 人決め、みんなは手をつないで鬼を中心にして輪になります。「あぶくたった煮えたった煮えたかどうだか食べてみよう」と歌いながら鬼の周りを時計まわりに歩きます。

② 「むしゃむしゃむしゃ」と言いながら、鬼のそばに寄って食べるまねをします。
「まだ煮えない」→手をつないで元の場所に戻ります。（繰り返し）
「もう煮えた」→輪をほどきます。

③ 「戸棚に入れて」→「カギをかけて」→「がちゃがちゃがちゃ」と言いながら、それぞれに合うような動作を自由にします。鬼は少し離れたところに連れて行かれます。

④ 「お風呂に入って　じゃぶじゃぶじゃぶ」→「歯をみがいて　お布団ひいて　さあ寝ましょ」と言いながら、それぞれに合う動作を自由にします。

⑤ 鬼が離れたところから「トントントン」と言うと、みんなは「なんの音？」と聞き、鬼は「○○の音」と言います（○○の部分は鬼が自由に変えることができます）。

⑥ ⑤を何度か繰返し、最後に鬼が「おばけの音」と言ったら、みんなは逃げます。鬼は逃げる人を追いかけてタッチします。タッチされた人が次の鬼になります。

3　かごめかごめ

【どんな遊び？】
　鬼が後方にいる人を当てる歌遊び。

【人数】10 人程度

【対象】5 歳〜

♪　かごめかごめ
　　かごのなかの鳥は
　　いついつであう
　　夜明けの晩に
　　鶴と亀がすべった
　　後ろの正面 だあれ

遊びかた

① 鬼を 1 人決めます。鬼は両手で目をふさいで真ん中にしゃがみます。皆は手をつないで輪になり、鬼を囲んで「かごめかごめ」を歌いながらまわります。
② 「すーべった」のところで一斉にしゃがみ、「後ろの正面だーれ」で、鬼の後ろの人の名前を当てます。鬼の後ろの人は、動物の声を出してヒントを与えます。
③ 鬼が当てたら、当てられた人が鬼になります。

アレンジ

　ヒントを「後ろの人」以外の人が言う（与えてほしいヒントを鬼がきく）のもおもしろいです。

4　ハムスター

【どんな遊び？】
　かごめかごめの変形の遊び。

【人数】6 〜 10 人程度

【対象】3 歳〜

♪　ハムスターどんのお宿かね
　　ころころりまいった　ほい！

遊びかた

① ハムスター役を 1 人決めます。ハムスターは中央に両手で目かくしをしてうずくまります。皆はハムスターの周りに手をつないで輪になります。
　「ハムスターどんのお宿かね」で円になって歩きます。「ころころりまいった」でハムスターに向かって進み「ほい！」で止まります。

③ みんなで「ハムちゃん　ハムちゃん　起きてくださーい」と声をかけ、ハムスター役は「ハーイ」のあと、「（うしろの）○○さんも起きてますか？」と声をかけ、真うしろの人は○○のなき声で返事をします。（うしろのゾウさん　パオーン）

5　フルーツバスケット

【どんな遊び？】

　フルーツの絵をもっておこなうイス取りゲーム。

【人数】10 人～

【対象】小学生～

【準備】

　イス（人数より 1 脚少ない数）、

　果物の絵

遊びかた

① フルーツの絵（3 種類、いちご、メロン、バナナなど）をセットにしてに配布します。みんなはその中から一種類を選んでその絵を持ちます。イスで円をつくり、座ります。

② リーダーを 1 人決めます。リーダーは 3 種類の中から 1 枚を選び、絵をみんなに見えないように持ち、円の中心に立ちます。

③ リーダーは自分のフルーツの名前を言いながら、絵をみんなに見せます。

④ 自分のフルーツがリーダーのフルーツと違うものだった人は、今座っているイスと違うイスに座ります。リーダーも素早く空いているイスに座ります。

⑤ 座れなかった人が次のリーダーになります。

アレンジ

　「席替えじゃんけんじゃんけんぽん」とリーダーが言い、自分の出したじゃんけんがリーダーと違ったら移動するのもおもしろいです。

6　ハンカチ落とし

【どんな遊び？】
　鬼がハンカチを落として席とり競争をする遊び。

【人数】10人〜
【対象】5歳〜
【準備】ハンカチ1枚

遊びかた

① 鬼を1人決めます。みんなは輪になって内側を向いて座ります。

② 鬼はハンカチを持って輪の外側をまわりながら、誰かの後ろにそっとハンカチを落とします（ハンカチを落とされたと思った人は後ろを向いてよいが、鬼が通り過ぎるまでは振り向けない）。鬼は落としてから急いで一周します。

③ ハンカチを落とされた人の両どなりの人も鬼を追いかける。あいた席3つに座れなかった人が次の鬼になります。

④ 鬼が空いた席に座ることができれば、ハンカチを持った人が鬼になります。座る前にタッチされた場合は、もう一度鬼になります。

⑤ ハンカチを落とされた人が気づかない場合、鬼は円を一周した後でその人の名前を呼びます。呼ばれた人が鬼になります。

アレンジ

　鬼がハンカチを落としてから、「ハイ」と声を出して逃げるのもおもしろいです。

7　イス取りゲーム

【どんな遊び？】

　イスを円形に並べて、音楽がかかっている間イスの周りを歩き、音楽が鳴り終わったらイスにかけるというゲームです。

【人数】10 人～

【対象】小学校低学年～

【準備】イス

　（人数より 1、2 脚少ない数）

遊びかた

① イスを円形に並べて、そのまわりに一列に並びます。

② 歌に合わせて、イスの周りをまわる時の歩き方をいろいろ変えます（カニさん歩き、スキップ、うさぎさんなど）。

③ 笛が鳴ったら近くにあるイスに座ります。

④ イスに座れなかった人は、次の回をする前にイスを 1 つ持って輪の外に出ます。

⑤ イスに座れた人だけで遊びを続けます。イスが 1 つになるまで続けて、最後のイスに座れた人が勝ちとなります。

アレンジ

　イスに座れなかった人は次の回で歌って「ストップ」を言い、次の回にはもどる。歌った数の少ない人の勝ちとするのもおもしろいです。

8 靴かくし

【どんな遊び？】

　歌いながら鬼を決め、鬼がかくした靴を皆が探す遊び。

【人数】5〜10人

【対象】5歳〜

♪ 靴かくし　ちゅうれんぼ
　柱の下のねずみが
　靴をくわえて
　チュッチュクチュ
　チュッチュク
　饅頭は誰が食った
　誰も食わない　わしが食った
　隣の看板三味線屋
　裏からまわって三軒目

遊びかた

① リーダーを1人決めます。リーダー以外の皆は片方の靴を脱ぎ、円形に並べます。

② リーダーは歌いながら手で1つ1つ靴に触っていき、歌の最後の「め」で当たった靴の持ち主が次のリーダーとなります。

③ ②をくりかえし、最後に残った靴の持ち主が鬼となります。

④ 鬼になった人は、自分以外の皆の靴の片方をかくします。

⑤ みんなは自分の靴を探しに行きます（制限時間を決めておく）。

⑥ 制限時間内に見つけられなかった人が次の鬼になります。複数いる場合は、ジャンケンなどで次の鬼を決めます。また、全員が自分の靴を見つけられた場合は、鬼は交代しません。

9　ハンカチまわし②

【どんな遊び？】

みんなでハンカチをパスし、持っている人を鬼が当てる遊び。

【人数】10人～

【対象】小学生～

遊びかた

① 鬼を1人決めます。みんなは鬼に見えないように後ろで手をつなぎ、円をつくります。鬼は円の中心に立ちます。

② 1か所に「変電所」（流れを変えることができる）になる人を決め、最初にハンカチを持つ人（その人は「変電所」にもなります）を決めます。「○○さんから始めます」と鬼に知らせて遊びを始めます。

③ 起点の人は、どちらかの隣の人にハンカチを渡します。渡された人は更に隣にまわします（この時に右回り、左回りを変更してはいけません。ただし、「変電所」は流れの方向を変えることができます。）

④ 鬼は様子を見て「ピー」と合図をします。合図があったら流れを止めます。

⑤ 鬼は中央でみんなの顔の表情などを観察して、ハンカチを持っている人を当てます。

⑥ 当たったらハンカチを持っていた人が次の鬼になります。

アレンジ

ハンカチを2枚などにふやす、変電所はハンカチが来たら「ピー」と言う（変電所を鬼は当てられない）のもおもしろいです。

10 ピカピカピカーン

【どんな遊び？】
　円形に並んでボールをまわしていく遊び。
【人数】8 人～
【対象】5 歳～
【準備】ボール

遊びかた
① 雷様役を 1 人決めます。雷様は目をつぶって中央にかがみます。
② 他の人は雷様の周囲に円形に並びます。
③ 雷様の正面の人がボールを持ちます。
④ 雷様の発することばに従ってボールを決められた方向にまわします。「ゴロゴロゴロ……」と言っている間は同じ方向にボールを送り続けます。
⑤ 雷様は様子をうかがいながら「ピッカーン」と叫びます。
⑥ その時、ボールを持っていた人が次の雷様になります。

アレンジ
　ボールのまわし方をいろいろ指定する（片手で、頭の上から頭の上へ、からだのまわりを一周させてから、など）のもおもしろいです。

11　けーどろ

【どんな遊び？】
　警察と泥棒に分かれて行う鬼ごっこ
【人数】10人程度（各チーム4～6人）
【対象】小学生～
【準備】帽子（警察の目印になるもの）、牢屋となる場所

遊びかた
① 「警察」と「泥棒」に分かれ、警察は帽子をかぶります。
② 警察が10数える間に泥棒は逃げます。
③ 警察は泥棒を追いかけタッチすることで泥棒を捕まえます。捕まった泥棒は
　 牢屋に入ります。捕まった泥棒は、他の泥棒仲間にタッチしてもらうと牢屋
　 から逃げられます。
④ 泥棒が全員捕まったところで終了し、泥棒と警察を交代します。

アレンジ
　泥棒チームで1人「大親分」を決めておき、大親分が捕まったらそこで終了（誰
が大親分かは警察には知らせない）するのもおもしろいです。

12 すい（水）・ひー（火）

【どんな遊び？】
　陣地を守りながら、相手の大将を捕まえる遊び

【人数】10 人〜

【対象】小学生〜

【準備】ひさしのある帽子（紅白など2種類）

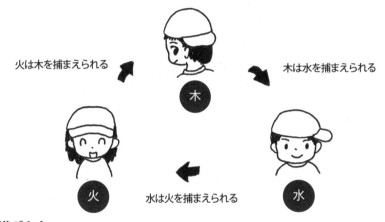

火は木を捕まえられる

木は水を捕まえられる

木

水は火を捕まえられる

火

水

遊びかた

① 2チームに分かれ、各チーム内でそれぞれの役割を決めます（木1人、水、火はそれぞれ2人以上）。目印として帽子のかぶり方をそれぞれ変えます（例：木＝つば後ろ、水＝つば横、火＝つば正面）。

② それぞれの陣地を決め、自分の陣地と木を守ります。相手チームのより弱い役割の者をタッチで捕まえた時には、自分の陣地に連れて行きます。捕まった人は捕まっていない仲間にタッチしてもらえば、陣地から逃げることができます。最終的に相手の木を捕まえたチームが勝ち。（木は水を、水は火を、火は木を捕まえることができます。）

アレンジ

　「木」「水」「火」の3チームに分かれ、最後まで残ったチームの勝ちとするのもおもしろいです。

13　Sケン

【どんな遊び？】
　S字を描き、片足（ケンケン）で相手の陣地にある宝物をめざす遊び。
【人数】10人程度（各チーム5～6人）
【対象】5歳～
【準備】宝2つ（小石、缶など）、紅白帽。陣地とひとやすみ島を描く。

宝物　　守備役　　宝物　　守備役
ひとやすみ島

遊びかた

① 2チームに分かれます。「ひとやすみ島」以外の外周部分は片足でしか進めません。外周部分と敵陣地内で両足をついたり転んだりしたら、その人は失格となります。失格者は、その回が終わるまで休み。

② 「ヨーイ、ドン」の合図で出入口（S字の端）から出ます。相手の陣地（S字のもう一方の端）へ攻め込み、先に宝物にタッチしたチームが勝ちです。

③ 守備役（陣地内なので両足を使える）は、陣地内に入ってきた相手（片足）とぶつかり合い、陣地の外へ押し出すようにして宝物を守ります。

アレンジ

　Sを2つ書いて、4チームでおこなうのもおもしろいです。

14　大根ぬき

【どんな遊び？】

　大根役の子をお百姓役の子が引っこ抜く遊び。

【人数】6人～

【対象】4歳～

遊びかた

① 2人程度、百姓を決めます。百姓以外の人はみんな大根になります。

② 大根はうつ伏せになり、内向きに円を作って、みんなで手や腕を組みます。

③ 百姓は大根の足を引っ張って、引き抜きます。大根はなるべく体を寄せ合い、
　しっかりと組んで、引き抜かれないようにします。

④ 大根が1人になったら終わりです。

アレンジ

　チーム戦にして、制限時間内に「何本収穫できたか」にルール変更してみましょう。
大根はうつ伏せにならず、座っておこなうこともできます。大根を子どもが、百姓
を大人がおこなうのでもよいでしょう。

15　ゴムステッぴょん 1、2、3、4

【どんな遊び？】
　規定のステップを踏み、時間内で何人クリアできるかを競う遊び。

【人数】10 人～

【対象】小学生～

【準備】長いゴムひも

遊びかた

① 2 つのチームに分かれます。一方のチームが跳び、一方のチームがゴムを足に
　かけて張ります。跳ぶチームの人は、1 人ずつゴムに入っていき、規定のステッ
　プを踏んでいる間に、次々に人が加わっていきます。

② 制限時間を決めておき、時間内に何人成功したか（規定のステップを踏み終え
　たか）を競います。

アレンジ

　ゴムの高さを手をパーに広げてはかり、1 つずつ上げていく（足首→足首から手
1 →手 2 つ……）のもおもしろいです。

16 助けてジャンケン

【どんな遊び？】
ジャンケンでチームの全員が勝利するまでの速さを競う。

【人数】10 人～

【対象】小学生～

【準備】地面に 20 メートル
　　　離して線を 2 本引く

遊びかた

① 各グループから 1 人ずつ
ジャンケン役を決めます。
ジャンケン役は、各 20 メー
トルほど先の所定の場所
で待ちます。残りのメン
バーで順番を決め、列を
作ります。

② スタートの合図で、1 人ずつ順番にジャンケン役の人の所へ走って行き、ジャ
ンケンをします。

勝った場合：ジャンケン役の後ろ（安全地帯）につき、次の人がスタート。

負けた場合：グループの仲間に向かって「助けて！」と叫びます。グループの
メンバーは手をつなぎ、輪を作って救助に向かいます。ジャンケンに負けた人
を輪の中に入れ、自分の陣地まで戻り、救出されたメンバーは再度列に加わり
ます。

③ 先に全員が安全地帯に入ったチームが勝ちです。

アレンジ

ジャンケンを足でする。

ジャンケンで 2 回小さくジャンプし、ポンで大きくジャンプして着地のときにケ
ンを出します。

17 クルクルドンジャンケンゲーム

【どんな遊び？】
　渦の中で出会ったところでジャンケンをし、陣取りをする遊び。

【人数】10 人〜

【対象】5 歳〜

【準備】大きな渦巻きを描く

遊びかた

① 2 つのチームに分かれます。それぞれ、渦巻きの入口と中心の陣地に並びます。

②「ヨーイ、ドン」で、入口チーム・中心チームの 1 人ずつが渦巻きの線に沿って走ります。

③ 渦巻き上で 2 人が出会ったところで「ドン」と言って両手でタッチしあった後でジャンケンをします。

④ 勝った方は、そのまま進み、負けた方は、自分の陣地に戻り列の後ろにつきます。

⑤ ③④をくりかえして、相手の陣地に先に入った方が勝ちです。

アレンジ

　走り方をいろいろ変える（カニさん、ウサギさん、一足ずつ）。

　最後の所に 3 本線を引いて、最後の勝敗は勝ったら 1 つ進めるようにしておくのもおもしろいです。

18　ハンドムービングジャンケン

【どんな遊び？】

　手の動きを利用したジャンケン遊び。

【人数】10 人〜

【対象】5 歳〜

グー：こぶしを
　　　ふりあげる

チョキ：なみだを
　　　　ふく

パー：顔の横で手を
　　　広げる

遊びかた

① 各チーム 1 列ずつ対面で並び、各組の端の人から手の動きを利用してジャン
　ケンをしていきます。

② 勝った人の多いチームの勝ちです。

アレンジ

　舌も動かす（グーはなし、チョキはペコちゃんのように横に、パーはべーと出す）
ようにしてもおもしろいです。

19　わたしは誰でしょう?

【どんな遊び?】

　質問の答えから、誰が書いたかを当てる遊び。

【人数】6人～

【対象】小学生～

【準備】紙、鉛筆（1人1つ）

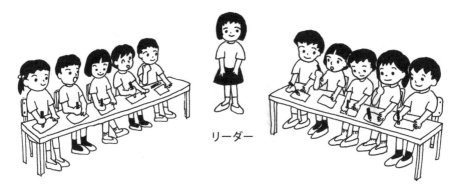

リーダー

遊びかた

① 5人くらいでチームを作ります。リーダーを1人決めます。

② リーダーは質問をします（例：好きなスポーツ・動物・食べ物・飲み物など）。みんなは、無記名で答えを書き、誰かわからないように回収します。

③ リーダーが1枚ずつその答えを読み上げます。

④ その答えから誰が書いたかを推測します。的中すれば1ポイント、3ポイント先取した人が勝ちです。

アレンジ

　リーダーの質問の答えがチームで2人一緒なら2ポイント、3人なら3ポイントにするのもおもしろいです。

20 どこでなにした

【どんな遊び？】

作文を作って楽しむ遊び。

【人数】10 人〜

【対象】5 歳〜

【準備】紙、鉛筆

遊びかた

① 5 人で 1 グループを作ります。各グループに紙を 5 枚配ります。

② それぞれのグループで「いつ」「どこで」「だれが」「なにを」「どうした」の
どれを書くかを決めて、お互いに見えないようにして書きます。

③ 書き終わったらリーダーが回収し、それをみんなの前で公表します。（いつ→
どこで→だれが→なにを→どうしたの順に言う）

アレンジ

NG ワードやボーナスポイントのワードを決めておき、それを含んでいたらプラス
点にするのもおもしろいです。

執筆者紹介

●編著者

西村　誠（にしむら　まこと）

佛教大学文学部教育学科卒業、大阪体育大学体育専攻科体育学専攻修了、Adam Smith University of America. USA 修了、博士（教育心理学）。

元、大阪体育スクール主宰、京都伝承遊び研究所代表、佛教大学教育学部特別任用教員（講師）。現在、大阪体育スクール会長、京都伝承遊び研究所会長、OSPC 身体活動研究会会長、佛教大学教育学部非常勤講師。

著書：『中高年の健康と体力づくり』（共著、出版弘報、2000 年）

　　　『介護・看護現場のレクリエーション』（編著、昭和堂、2007 年）

　　　『絆づくりのあそびの百科』（編著、昭和堂、2012 年）

　　　『新・体育あそびアラカルト』（編著、昭和堂、2018 年）

　　　『伝承遊び大百科』（編著、昭和堂、2021 年）

担当：はじめに

津田　由加子（つだ　ゆかこ）

兵庫教育大学大学院連合学校教育学研究科教科教育実践学専攻芸術系連合講座美術博士課程修了、博士（学校教育学）。

現在、姫路日ノ本短期大学幼児教育学科教授。

著書：『伝承遊び大百科』（編著、昭和堂、2021 年）

担当：1 章 3 節

足立　哲司（あだち　てつじ）

大阪体育大学大学院体育学研究科修了、修士（体育学）。

現在、大阪体育大学体育学部教授、大阪体育大学大学院スポーツ科学研究科教授。

著書：『乳酸をどう活かすか』（共著、杏林書院、2008 年）

　　　『体力トレーニングの理論と実際　第 2 版』（編著、大修館書店、2021 年）

担当：1 章 2 節 3、1 章 2 節 4

中川　善彦（なかがわ　よしひこ）

京都教育大学教育学部卒業（特修体育学科生理学専攻）。

元、京都市子ども体育館管理主事、佛教大学教育学部非常勤講師。現在、OSPC 身体活動研究会副会長。

著書：『介護・看護現場のレクリエーション』（編著、昭和堂、2007 年）

　　　『新・体育あそびアラカルト』（共著、昭和堂、2018 年）

担当：1 章 2 節 5、1 章 2 節 6

●執筆者

池島　明子（いけしま　あきこ）

京都府立医科大学大学院保健看護学研究科修了、修士（保健看護学）。

現在、大阪体育大学体育学部教授。

著書：『健康運動指導士試験 要点整理と実践問題 第 3 版』（共著、文光堂、2020 年）

担当：3 章 3 節

徳田　真彦（とくだ　まさひこ）
　　大阪体育大学大学院スポーツ科学研究科修了、修士（スポーツ科学）。
　　現在、大阪体育大学体育学部講師。
　　著書：『雪を楽しむ外遊びプログラムスノーゲーム：楽しく安全に遊ぶための指導ハンドブック』（共著、桐朋、2018 年）
　　担当：1 章 1 節

藤田　貴久（ふじた　たかひさ）
　　兵庫教育大学大学院学校教育研究科修了、修士（学校教育学）。
　　現在、姫路日ノ本短期大学幼児教育学科専任講師。
　　担当：3 章 2 節

吉川　潔（よしかわ　きよし）
　　大阪体育大学大学院体育学研究科修了、修士（体育学）。
　　現在、ダイハツ工業（株）陸上競技部事務局長。
　　著書：『中高年の健康と体力づくり』（共著、出版弘報、2000 年）
　　担当：1 章 2 節 1、1 章 2 節 2

関岡　有季（せきおか　ゆき）
　　大阪体育大学大学院スポーツ科学研究科博士後期課程満期退学、修士（スポーツ科学）。
　　現在、小田原短期大学保育学科通信教育課程通信教育サポートセンター（大阪）助教。
　　著書：『伝承遊び大百科』（共著、昭和堂、2021 年）
　　担当：3 章 1 節

山東　悟（さんとう　さとる）
　　大阪体育大学大学院スポーツ科学研究科修了、修士（スポーツ科学）。
　　現在、大阪体育大学職員。
　　担当：2 章

●編集・実践協力者

行友　伸二（ゆきとも　しんじ）　認定こども園淡路幼稚園園長。
上野　一路（うえの　いちろ）　学校法人きたば学園和歌山社会福祉専門学校校長。
射手矢　大樹（いてや　だいき）　社会福祉法人あおい会あおいこども園園長。
松本　美由紀（まつもと　みゆき）　向日市議会議員、京都伝承遊び研究会役員。
大野　桂（おおの　かつら）　学校法人修立幼稚園こども園かける教頭。
田華　郁美（たばな　いくみ）　京都市立西院幼稚園園長。
岡部　明江（おかべ　あきえ）　元華月つばさ保育園園長。

●イラスト

東　喜世恵（あずま　きよえ）　京都市立西院幼稚園。

コミュニケーション力を育むレクリエーション
保育・教育現場で使えるクラフト＆ゲーム70選

2023 年 3 月 30 日　初版第 1 刷発行

編　著　西村　誠・津田由加子・足立哲司・中川善彦

発行者　越道京子

発行所　株式会社 実生社　〒 603-8406 京都市北区大宮東小野堀町 25 番地 1
　　　　　　　　　　　　TEL（075）285-3756

印刷・製本　株式会社ファインワークス